LA STATUE DU DIEU VOLTAIRE

PARIS

IMPRIMERIE BALITOUT, QUESTROY ET C°

7, rue Baillif, et rue de Valois, 18

LA STATUE

DU

DIEU VOLTAIRE

Voltaire est Dieu et Havin son
prophète.

PAR

VALENTIN GALLET

PARIS

E. DENTU, LIBRAIRE-ÉDITEUR

PALAIS-ROYAL, 17 ET 19, GALERIE D'ORLÉANS

1867

LA

STATUE DU DIEU VOLTAIRE

Voltaire est Dieu et Havin son
prophète.

M. Havin, qui ne sort de son silence qu'à de rares inter-
valles, pour ranimer chez les siens le feu sacré des principes, vient de frapper un coup de maître qui a retenti au
loin et dont les échos résonnent encore dans la presse et
dans le public; il vient de servir à son million de lecteurs un
de ces morceaux de prose éloquente dont lui seul a le secret,
et que relève une solennité typographique qui flatte et attire
le regard. La circonstance était grave et réclamait le Jupiter
tonnant de la rue du Croissant. Enfin parut Havin, *Deus ex
machina*. Il parla, et ses abonnés ravis, apprirent avec
enthousiasme la création d'un dieu nouveau pour remplacer
l'ancien qui offusquait le progrès moderne!

Quel homme prodigieux que ce Monsieur Havin! Depuis
trente ans son journal trompe, fascine le peuple et en fait
l'éducation. Ce bon peuple qui ne voit, qui n'entend, qui ne
lit que le *Siècle,* et qui ne jure que par le *Siècle,* peut s'af-
franchir des entraves du passé, se moquer du Dieu qui lui
donna la *vie,* le *mouvement* et *l'être,* et surtout une âme im-
mortelle; il peut laisser à d'autres ce Dieu des vieux âges et

marcher sous la bannière de celui qu'on voudra bien lui donner!

L'honorable directeur politique du *Siècle,* qui sera le grand pontife du culte nouveau, après en avoir délibéré avec ses lévites, a conféré à Voltaire ses lettres patentes de grande Divinité. A cette nouvelle bizarre, on eût pu entendre le rire narquois de l'auteur de *Micromégas* résonner sous les sombres voûtes du Panthéon. Mais force a été d'accepter; il y a de ces prérogatives qu'on subit fatalement. Ainsi, bon gré mal gré, Voltaire, ce dieu malicieux et rusé du bonhomme Havin, va présider aux destinées du peuple; c'est chose entendue et réglée. On réhabilite cet ennemi de toutes les religions; on va lui dresser, sur une des places les plus fréquentées de Paris, une statue colossale, un monument national.

M. Havin, avouons-le, a étudié son époque; il en connaît le fort et le faible, et les besoins et les aspirations : il n'ignore pas qu'il faut, au peuple du moins, une sorte de *religiosité,* et, ce qu'il lui a enlevé de la main droite, il le lui rend de la main gauche.

Depuis que le peuple lit le *Siècle,* il n'a plus ni Dieu ni croyances, M. Havin comble ce vide et offre au peuple un autre dieu et d'autres croyances. C'est justice; et qui n'admirerait M. Havin et sa puissance? il donne une divinité à ceux qui n'en ont plus.

O incalculables ressources de l'esprit moderne! Ainsi le Paganisme, autrefois, façonnait des dieux à sa guise. Serions-nous revenus à cet heureux temps où, les dieux en foule, habitaient la terre et y faisaient leurs fredaines. Serait-ce là le progrès, et nos démagogues seraient-ils aussi des rétrogrades?

Disons toutefois ce que doit penser un catholique du projet-Havin, n'en déplaise au *Siècle* et à ses lecteurs?

I

Ériger une statue à Voltaire, proposer cet impie à l'admiration et à la vénération publique, c'est outrager la morale et la religion, c'est déifier le scepticisme et la corruption, c'est dire au peuple : « Cet homme, ce philosophe dont nous vous retraçons l'image, fut, pendant soixante ans, l'adversaire acharné de ce que vos pères ont adoré ; il travailla de toute la puissance de ses facultés, à déraciner du cœur de ses concitoyens l'amour et la pratique des vertus, l'attachement au christianisme et la croyance aux dogmes qui en sont la base inébranlable. A la place de la religion, qui seule rend les peuples heureux et prospères, il s'efforça d'implanter l'incrédulité, l'amour des vices, l'obscénité et le libertinage ; c'est ce héros que nous vous offrons pour modèle : c'est sa vie que vous devez imiter, c'est dans ses écrits que vous puiserez désormais vos convictions ; ses exemples et ses enseignements seront la règle de votre conduite. » Est-ce ainsi qu'on prétend former le peuple, est-ce ainsi qu'on veut le moraliser ?

II

Voltaire fut sans doute un homme supérieur, un écrivain

hors ligne, plein de talent et de génie. Il sut, par son prestige, éblouir et dominer une époque de décadence, être le roi de la littérature, faire adopter ses opinions, imposer ses erreurs. Cette espèce de suprématie intellectuelle qu'il s'était créée, l'a fait grand et admirable aux yeux de ceux qui ne tiennent compte que du succès ; ce même ascendant l'a rendu, devant les hommes sérieux, coupable d'un crime irrémissible. Le patriarche de Ferney abusa indignement de sa haute position littéraire et des rares facultés que le ciel lui avait départies pour saper les fondements du trône et de l'autel. Il eût pu faire un bien immense, il fit un mal incalculable dont nous ressentons encore les déplorables effets.

III

Sous le spécieux prétexte de réformer certains abus qui eussent disparu avec le temps et par la force des choses, Voltaire fit une guerre implacable à l'Église et à son divin Fondateur; il attaqua de toutes les manières cette grande institution qui a civilisé, transformé le monde et contre laquelle, selon l'expression de l'Évangile, *les portes de l'enfer ne prévaudront jamais.* Il commenta avec un cynisme révoltant ses livres sacrés ; ses dogmes excitaient ses sarcasmes impies, et sa hiérarchie, il la vouait au mépris. Il écrivait à ses adeptes, en parlant de la religion dont l'Église est la gardienne impérissable : « *Mes amis, écrasons l'Infâme.* » Plaisanteries sacrilèges, fausse et ridicule interprétation des textes de l'Écriture, haine aveugle et déclarée contre le christianisme, tout fut mis en usage par Voltaire pour anéantir la religion, son culte et sa morale. Son œuvre de ténèbres, il ne put l'a-

chever ; mais il ébranla profondément la société civile et religieuse : il répandit parmi le peuple cet esprit d'indépendance, de révolte et de sédition qui a éclaté en 93 comme un
volcan, et qui, en faisant disparaître toute notion de droit et
de justice, a failli nous ramener à la barbarie des premiers
âges. C'est le retour de cette époque funèbre que rêve et que
caresse aujourd'hui une fraction considérable de la démo-
cratie ; c'est le promoteur de ce grand bouleversement, c'est
cet audacieux blasphémateur que le *Siècle* propose, en quelque sorte à nos hommages et à nos adorations. Il veut en
faire un être surhumain devant qui l'humanité reconnais-
sante devrait entretenir toujours le *feu sacré!* Où en sommes-
nous, quel esprit nous guide et quel temps est le nôtre ?

IV

Ainsi, pour raviver la mémoire de ce *coryphée du déisme*
et renouveler son œuvre, si la chose est possible, où du
moins pour provoquer une certaine agitation dans la foule,
on organise une souscription, et le *Siècle* tend son escarcelle
pour recevoir les dons de ses fidèles lecteurs. L'on voit de
bons et honnêtes ouvriers, des blanchisseuses, des lingères,
des enfants même, trompés, éblouis par la lecture d'un journal qui leur sert quotidiennement, ou un scandale horrible
commis au sein du clergé ou un méfait des plus noirs ac-
compli au nom du catholicisme, se hâter d'offrir leur cin-
quante centimes pour aider à la reproduction des traits d'un
écrivain dont, pour leur bonheur, ils n'ont jamais lu et dont
ils ne devraient jamais lire les ouvrages. Ces braves gens,
peu ou point instruits, ont pour excuse leur ignorance ; ils

ne savent pas que la morale, les principes et les maximes du héros qu'on met à l'ordre du jour, sont ce qu'il y a de plus horrible. Le grand coupable c'est le *Siècle,* c'est cette feuille immensément répandue parmi le peuple et profondément méprisée des hommes sérieux de tous les partis.

Au nombre de ces naïfs souscripteurs combien de mères chastes et vertueuses, combien de pères à l'esprit droit et sincère seraient désolés s'ils voyaient un jour leurs enfants admirer et réaliser dans leur conduite la morale enseignée dans *Candide,* dans la *Pucelle* et dans une foule d'autres productions d'Arouet, où l'obscénité le dispute au blasphème.

V

Qu'une personne d'un âge mûr, qui a des convictions bien arrêtées et assises sur des bases inébranlables ; qu'un homme d'étude, un écrivain, un penseur, qui ont besoin, par la nature de leurs occupations, de connaître les sentiments et les opinions de ceux même qui n'ont pas leur manière de voir, puissent, sans danger et avec fruit, lire et méditer les œuvres de Voltaire, cela se comprend et s'explique. Leur cœur et leur intelligence ont leur ancre de salut, leur défense, leur rempart à eux : ils ne se laisseront ni corrompre ni induire en erreur, quelque attrayante que soit la forme sous laquelle on la leur présente. S'ils donnent prise à la séduction, ils ont droit à notre pitié, mais ils deviennent indignes, par ce fait seul, d'être rangés parmi les hommes de convictions. De tels hommes ne peuvent jamais faire autorité dans des questions de principes. Ce sont de faibles arbrisseaux agités par tous vents de doctrine, incapables de tenir d'une main

ferme et sûre le drapeau de leur indépendance philoso-
phique et religieuse. Ils voient la vérité, ils se sentent attirés
vers elle par un attrait invincible ; elle leur paraît resplen-
dissante d'une *beauté toujours ancienne et toujours nouvelle ;*
d'un autre côté, l'erreur s'offre à eux avec toutes les grâces
et toutes les formes séduisantes qui lui sont propres ; toutefois sous ces apparences qui éblouissent ils en découvrent
et tout le vide et tout le néant, et cependant, ô faiblesse
humaine! ils la contemplent avec des yeux ravis ; ils vou-
draient, (ils ne peuvent) se déclarer pour elle tous entiers, pas
plus que pour la vérité à laquelle aussi ils tendent les bras,
et, entre les deux, ils restent indécis. Ce sont-là des êtres
hybrides pour lesquels on ne doit avoir ni considération ni
estime.

Mais ces honnêtes commerçants, ces épiciers, ces mar-
chands de vins, toute cette classe peu éclairée qui forme le
plus grand nombre des abonnés du journal de M. Havin, ne
pouvant rien contrôler ni rien vérifier faute de lumières et
de temps, faciles à séduire par conséquent, et à qui la mu-
nificence du *Siècle* va donner en prime les œuvres de Voltaire à un prix *fabuleusement* réduit, voudront savoir com-
ment a parlé, ce qu'a écrit et pensé l'homme prétendu
national qu'on propose au culte des Français. Ils aborderont
avec une anxieuse curiosité la lecture de ses ouvrages. Ses
paroles, ses maximes, ses bévues historiques, ses erreurs
les plus monstrueuses, ses blasphèmes même seront pour
eux axiomes, articles de foi, expressions du christianisme
vrai et de la morale véritable. Leurrés par les charmes du
style, ils les feront admirer à leurs enfants, à leurs amis et
connaissances également incapables de démêler la vérité du
mensonge. Ainsi, le tour sera joué : un funeste poison circu-
lera dans les membres les plus vigoureux du corps social.
Ces braves gens, fanatisés par la lecture d'écrits pernicieux,
concevront peu à peu une haine profonde pour toute espèce
d'autorité ; ils deviendront à leur insu ennemis de l'ordre
établi qu'ils voudront renverser, se croyant appelés à régé-
nérer leur pays. C'est ainsi qu'insensiblement se forment,

grandissent et éclatent ces révolutions intestines qui laissent après elles tant de ruines et de malheurs ! C'est ce but fatal qu'on veut atteindre, et on a l'air de ne pas s'en douter !

VI

Si Voltaire fut une gloire pour la France, c'est une gloire bien souillée ! Jamais rien de grand n'a illuminé son front ridé par les passions, rien de noble n'éclatait dans son regard, où brillait l'astuce, où se devinait la bassesse du courtisan. La luxure, la calomnie et le penchant à tout dénigrer furent constamment et le mobile de sa conduite et le souffle inspirateur de son génie. Lui-même a rougi souvent de plusieurs de ses écrits, et pendant vingt ans il garda en portefeuille la plus sacrilége et la plus infâme de ses productions littéraires, ne la communiquant qu'à quelques amis aussi flétris que lui. Enfin l'ouvrage parut sous le voile de l'anonyme et dans des lettres rendues publiques, Voltaire désavouait l'œuvre corruptrice qu'on lui attribuait et qui faisait scandale. Mais bientôt le voile fut déchiré et tous les cœurs honnêtes, toutes les âmes vertueuses apprirent avec indignation que le plus grand comme le plus dangereux écrivain de l'époque venait d'outrager et de traîner dans la boue cette sublime bergère, cette Vierge Providentielle qui sauva la France en des jours de malheur ! Fut-il Français dans l'âme, aima-t-il son pays, celui qui porta sur Jeanne d'Arc une main sacrilége et impure? Fut-il Français dans l'âme, aima-t-il l'humanité celui qui félicitait Frédéric de Prusse de ses victoires sur nos

ancêtres, qui applaudissait au partage de la Pologne, à l'as-
servissement du peuple martyr?

Dans les plus belles actions de sa vie, dans celles où ses
partisans aiment à le trouver grand, où tout le monde voudrait le voir au moins généreux et désintéressé, Voltaire se
montra souvent mesquin, plein de lui-même et d'animosité
contre le christianisme et la société. Qu'on lise, pour s'en
convaincre, ses plaidoyers célèbres en faveur de quelques
malheureuses victimes d'une erreur ou d'une rigueur judi-
ciaires à jamais condamnables.

Ainsi la religion, la pudeur, l'humanité, le respect de notre
dignité d'hommes et notre fierté nationale, se trouvent également offensés et indignés par le projet d'élever une statue
au patriarche de Ferney. L'esprit de parti seul a pu inspirer
cette idée et si le peuple apporte son obole pour ériger ce
dieu nouveau, c'est que son opinion est faussée chaque matin
par la lecture d'un journal qui lui donne sur les hommes et
sur les choses, les appréciations les plus erronées.

VII

Il y a dans nos annales civiles, littéraires et religieuses
des gloires bien plus pures, bien plus universelles et bien
autrement populaires que celle de l'ami de Frédéric II. Si
l'on veut, dans un seul homme, honorer la France et l'humanité, n'avons-nous pas cet admirable et angélique Saint
Vincent de Paul? Est-ce que le prestige qui entoure le nom
de Voltaire ne s'éclipse pas devant l'auréole de ce grand
Saint qui fut la charité même? Qui fit plus de bien et qui le
fit avec plus de désintéressement et d'abnégation? Qui fit

plus d'honneur à son pays? Toutes les souffrances, tous les
malheurs avaient droit à sa sympathie. Il pratiqua dans le
degré le plus héroïque toutes les vertus civiles et religieuses. Sans se mêler à aucun parti, il cherchait à établir
partout la conciliation et la paix. Tous les cœurs honnêtes
et vertueux, amis de l'ordre et du bien, verraient avec bonheur réaliser pour saint Vincent de Paul ce que nos démo-
crates rêvent pour Voltaire le sceptique, le profanateur de
nos gloires nationales et le propagateur, au dix-huitième
siècle, de l'immoralité et du rationalisme.

Non, la France ne faillira pas à sa noble et providentielle
mission; elle dédaignera les doctrines du *Siècle*, et ne souil-
lera pas sa gloire, en rendant à l'un de ses enfants les plus
ingrats des honneurs non mérités. Elle se souviendra de ce
vieil adage qui a été jusqu'ici le secret de sa force et de sa
sécurité : *Gesta Dei per Francos*. Elle se montrera toujours
fière d'avoir été surnommée la *Fille aînée de l'Église,* et se
rappellera que c'est avec elle et par elle qu'elle a eu dans
tous les temps vie, indépendance et prestige sur toutes les
nations civilisées. Qu'elle ne laisse donc pas dominer chez
elle ce tigre mal emmuselé qu'on appelle Révolution, et qui
chaque jour s'efforce de rompre ses faibles chaînes à demi-
rongées pour envahir et ensanglanter notre belle patrie.
Qu'elle se rappelle le règne de la Terreur, les hécatombes
qui l'ont souillée, les saturnales et les infamies qui l'ont
déshonorée à jamais. Qu'elle se souvienne de la Déesse Rai-

son, de cette créature éhontée que nos démagogues, ivres d'impiété, osèrent placer sur nos autels, après en avoir chassé le vrai Dieu! C'est ce culte ignoble, ce sont ces jours néfastes qu'on voudrait ramener chez nous! Mais la France restera fidèle à ses immortelles et catholiques traditions; elle ne souffrira pas que le dieu Baal s'introduise chez elle, et, s'il plaît au *Siècle* de se dégrader, la France catholique sera toujours noble, grande et généreuse.

Paris, 21 février 1867.

FIN